RÉPUBLIQUE FRANÇAISE

MINISTÈRE DE LA GUERRE

INSTRUCTION DU 15 JUIN 1903

POUR LA

PASSATION DES MARCHÉS

DU DÉPARTEMENT DE LA GUERRE

autres que ceux relatifs aux travaux de constructions militaires

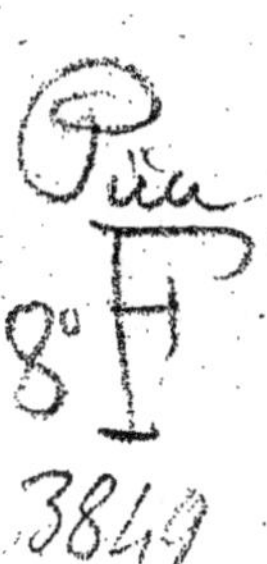

PARIS
Henri CHARLES-LAVAUZELLE
Éditeur militaire
10, Rue Danton, Boulevard Saint-Germain, 118

(MÊME MAISON A LIMOGES)

RÉPUBLIQUE FRANÇAISE

MINISTÈRE DE LA GUERRE

INSTRUCTION

Pour la passation des marchés du département de la guerre autres que ceux relatifs aux travaux de constructions militaires.

Paris, le 15 juin 1903.

Dispositions générales.

Art. 1er. Tous les marchés du Département de la guerre, sauf ceux relatifs aux travaux de constructions militaires, sont passés dans les formes et d'après les règles prévues dans la présente instruction.

TITRE Ier.

MARCHÉS PAR ADJUDICATION.

Des différentes espèces d'adjudications.

Art. 2. En principe, et sauf exceptions prévues par le décret relatif aux adjudications et aux marchés passés au nom de l'Etat, tous les marchés du Département de la guerre sont passés par adjudication publique. Il y a deux espèces d'adjudications :

1° *L'adjudication simple* qui ne comporte qu'une seule séance, dans laquelle l'admissibilité des concurrents résulte de l'acceptation même de leur soumission, en séance publique, par la commission d'adjudication. Ce mode s'applique aux fournitures, travaux, transports, exploitations ou fabrications qui peuvent être fractionnés et livrés sans inconvénient à une concurrence illimitée ;

2° *L'adjudication restreinte* dans laquelle les personnes, préalablement reconnues capables par une commission d'admission, sont seules autorisées à soumissionner. Ce mode est

employé quand les fournitures, travaux, transports, exploitations ou fabrications ne peuvent être confiés qu'à des personnes remplissant certaines conditions déterminées et après
examen des titres exigés par la présente instruction.

A un point de vue différent, les adjudications peuvent être
classées en deux autres catégories :

1° Les adjudications *définitives*, dans lesquelles intervien-
nent seules les offres des candidats dont les soumissions ont
été classées à la séance d'adjudication ;

2° Les adjudications *provisoires* visées par le décret relat·f
aux adjudications et aux marchés passés au nom de l'Etat (1)
et dans lesquelles, à la suite de nouvelles offres, il est procédé,
le cas échéant, à une réadjudication dans les formes prévues
par les articles 31, 32 et 33 de la présente instruction.

Enfin, des règles particulières sont applicables spécialement à certaines adjudications passées sur concours simultané
de prix et d'échantillons,

Règles communes à toutes les adjudications.

Composition des commissions d'adjudication.

Art. 3. Les adjudications sont passées en séance publique
et par les soins d'une commission comprenant :

1° Le maire ou son délégué, représentant de l'autorité civile,
président ;

2° Un représentant du service pour lequel a lieu l'adjudication, membre technique ;

3° Un officier de la garnison d'un grade inférieur à celui du
membre technique ;

4° Un fonctionnaire de l'intendance dans le cas où, par suite
de la nature du marché, le membre technique n'est pas lui-
même fonctionnaire de l'intendance.

Dans ce cas, ce fonctionnaire a surtout un rôle juridique ;
il veille à l'observation des formes prescrites et à celle des
dispositions réglementaires.

Annonce des adjudications.

Art. 4. Dès que le chef de service a reçu l'ordre de procéder
à l'adjudication, il prépare les détails de l'opération, établit

---

(1) Décret du 18 novembre 1882, article 16.

et rassemble tous les documents, états, tableaux et autres pièces qui doivent être communiqués aux candidats. Il fixe, après entente avec le président de la commission, le lieu, les jour et heure de la séance; enfin, il fait procéder aux publications nécessaires

A cet effet, des affiches en nombre suffisant, etablies et signées par le chef de service, sont apposées non seulement dans la place où le marché doit être exécuté, mais aussi dans les autres places où l'on suppose qu'il peut se trouver des personnes disposées à concourir à l'adjudication.

Ces affiches contiennent les renseignements énumérés au décret relatif aux adjudications et marchés passés au nom de l'Etat (1). Elles sont libellées suivant les indications données par chaque service.

Des extraits de l'affiche sont insérés au moins dans un des journaux de la localité et dans les autres journaux désignés par le Ministre.

Délais de publication.

Art. 5. Les affiches ou insertions visées ci-dessus sont apposées ou publiées vingt jours au moins avant le jour fixé pour l'adjudication; ce délai peut être réduit dans les cas d'urgence, avec l'autorisation du Ministre.

Dans ces circonstances, le procès-verbal d'adjudication doit relater que le délai de publicité a été réduit.

Pièces à communiquer aux candidats.

Art. 6. Pendant toute la durée des publications, les pièces du marché restent déposées dans les bureaux du service intéressé, où elles peuvent être consultées librement par tous les candidats.

Ces pièces sont :

1° Le cahier des clauses et conditions générales imposées aux titulaires de tous les marchés du Département de la guerre, sauf ceux relatifs aux travaux de constructions militaires (2);

2' L'instruction pour la passation des marchés du Département de la guerre autres que ceux relatifs aux travaux de constructions militaires (3);

---

(1) Décret du 18 novembre 1882, article 2.
(2) Cahier des clauses et conditions générales du 16 février 1903.
(3) Instruction du 15 juin 1903.

3° L'instruction relative aux cautionnements des soumissionnaires et adjudicataires de fournitures et entreprises pour le compte du Département de la guerre (1) ;

4° L'instruction sur le fonctionnement des commissions d'appel, dans les services pour lesquels leur intervention est admise ;

5° Les cahiers des charges générales ou spéciales concernant le marché, les états de renseignements et d'évaluation ; les états d'effectif soit en hommes, soit en animaux; enfin tous les autres éléments propres à permettre aux soumissionnaires et à leurs cautions de formuler leurs offres en toute connaissance de cause, et de connaître leurs obligations et les conséquences qui en découlent.

Règles applicables aux adjudications simples.

Pièces exigées pour concourir aux adjudications.

Art. 7. En principe, nul n'est admis à participer à une adjudication quelconque du Département de la guerre comme soumissionnaire ou à se présenter comme caution personnelle solidaire s'il n'est muni d'une pièce constatant sa qualité de Français (2), ou d'une décision du Ministre, l'autorisant à prendre part à l'adjudication ou à se présenter comme caution et d'un certificat du maire de sa commune constatant le lieu de son domicile et témoignant de sa moralité.

Toutefois, en Algérie, le général commandant le 19ᵉ corps d'armée, et, en Tunisie, le général commandant la division d'occupation, agissant au nom et par délégation du Ministre de la guerre, pourront, sur la proposition du chef de service, admettre à concourir aux adjudications ou à se présenter com-

---

(1) Instruction du 16 juin 1903.

(2) Entre autres pièces pouvant établir cette qualité, on peut citer : 1° Certificat de l'autorité civile constatant que l'intéressé jouit de ses droits civils et politiques; 2° Certificat d'inscription sur les listes électorales; 3° Carte d'électeur; 4° Certificat de l'autorité militaire établissant que le candidat a satisfait, en France, aux obligations de la loi sur le recrutement.

Cette énumération n'est pas et ne saurait être absolument limitative. Les commissions d'adjudication pourront admettre, au lieu et place des pièces qui viennent d'être énumérées, toutes celles qui établiront, d'une manière incontestable à leurs yeux, que le concurrent est bien Français. La preuve de cette qualité peut, en effet, résulter, suivant la situation des intéressés, de la production d'autres documents authentiques dont on ne peut à l'avance établir la nomenclature complète.

me cautions personnelles solidaires des soumissionnaires, des étrangers légalement domiciliés ainsi que des indigènes.

Les personnes admises au bénéfice de la liquidation judiciaire, en vertu de la loi du 4 mars 1889, pourront solliciter leur admission à concourir en produisant soit le jugement déclarant que les intéressés ne seront soumis qu'aux incapacités édictées par l'article 21 de la loi du 4 mars 1889, soit le jugement qui les a admis au bénéfice de la liquidation judiciaire, ainsi que l'autorisation spécialement délivrée par le juge commissaire, en vue de l'adjudication à intervenir.

Les personnes en état de faillite ne sont pas admises à concourir ; mais les anciens faillis ayant obtenu leur réhabilitation peuvent être admis.

Aucune société n'est admise à prendre part aux adjudications si elle ne produit des pièces constatant : qu'elle est organisée conformément aux lois françaises en vigueur, sans restriction à la responsabilité de ses membres ; que sa durée est au moins égale à celle du marché à intervenir ; que la ou les personnes qui ont qualité pour traiter en son nom et la représenter sont de nationalité française ou munies de l'autorisation du Ministre prévue au premier alinéa du présent article (1).

Les sociétés en état de faillite ou de liquidation judiciaire, quelles qu'elles soient, ne sont pas admises à concourir.

Les personnes ou sociétés en état de faillite ou de liquidation judiciaire ne peuvent être admises à se constituer cautions personnelles solidaires des soumissionnaires.

Etablissement des soumissions.

Art. 8. Les soumissions sont établies en simple expédition et doivent remplir les conditions suivantes :

1° Etre établies sur papier timbré, sans que l'inobservation de cette règle puisse être un motif de rejet, mais sous toutes réserves de l'intervention des agents du ministère des finances auxquels sont communiqués le procès-verbal d'adjudication et les soumissions ;

2° Etre conformes au modèle annexé au cahier des charges spéciales et ne contenir aucune clause restrictive, résolutoire ou exceptionnelle ;

---

(1) Une expédition légalisée de l'acte de société, des statuts et, le cas échéant, des actes modificatifs, est nécessaire pour établir que les deux premières conditions sont remplies.

3° Enoncer d'une manière claire et précise, en chiffres et en toutes lettres (1), sans ratures ni surcharges non approuvées :

a) Les quantités offertes, exprimées en unités d'après le système métrique, et non en termes locaux ;

b) Les prix proposés par quintal métrique, hectolitre, litre, kilogramme, mètre cube, carré ou courant, ou toute autre unité légale de poids et mesures indiquée au cahier des charges spéciales. Les prix sont exprimés en francs et centimes seulement ; toute fraction inférieure au centime est considérée comme non énoncée.

Cependant, lorsque la valeur de l'unité des matières ou objets mis en adjudication n'atteint pas le franc, les prix proposés peuvent être exprimés en centimes et millimes ;

4° Etre signées par le soumissionnaire ou par son représentant, agissant en vertu de pouvoirs réguliers dûment légalisés et enregistrés, l'autorisant à signer le procès-verbal et les autres pièces du marché, s'il est déclaré adjudicataire. Ces pouvoirs peuvent également donner qualité au mandataire pour prendre part, le cas échéant, à un nouveau concours, ils doivent être joints à la soumission ;

5° Dans certains cas, prévus dans les cahiers des charges spéciales, le soumissionnaire peut, sous la réserve qu'il justifiera de son identité, remettre personnellement au sous-intendant militaire du lieu de sa résidence ou à son suppléant, une déclaration écrite, par laquelle il constituera mandataire M. X..., à l'effet de prendre part, en son nom, à l'adjudication et, le cas échéant, à un nouveau concours. En pareil cas, le sous-intendant militaire envoie à son collègue du lieu de l'adjudication, un télégramme de service faisant connaître le nom de ce mandataire. Sur le vu de ce télégramme, la commission d'adjudication peut, après constatation de l'identité du mandataire, l'admettre à concourir.

Pièces qui doivent être annexées aux soumissions.

Art. 9. Lorsqu'il est exigé un cautionnement définitif ou une caution personnelle solidaire pour la garantie de l'exécution du marché, les concurrents doivent joindre, à leurs soumissions, les pièces suivantes :

---

(1) Le fait de n'avoir pas énoncé en toutes lettres dans sa soumission les prix indiqués en chiffres, n'entraîne pas obligatoirement le rejet de la soumission. La commission décide si les énonciations des offres sont suffisamment claires pour que la soumission puisse être acceptée.

Soit une déclaration portant engagement de constituer, dans les quinze jours qui suivront la notification de l'approbation de l'adjudication, le cautionnement définitif imposé ;

Soit une déclaration de consentir, sur le montant des fournitures faites, à des retenues successives dans les conditions prévues par l'instruction sur les cautionnements (1) jusqu'à concurrence de la garantie exigée.

Soit enfin une déclaration faisant connaître son intention de présenter une caution personnelle solidaire, dont les nom, prénoms, domicile et lieu de naissance seront indiqués.

Dans ce dernier cas, à cette déclaration seront jointes :

1° Une pièce justifiant, soit de la qualité de Français de la personne présentée, soit, si la personne est étrangère, de l'acceptation prononcée par l'autorité compétente comme il est dit à l'article 7 ;

2° Une déclaration de cette personne portant promesse de s'engager solidairement avec le demandeur, pour l'exécution du service à entreprendre dans le cas où celui-ci serait déclaré adjudicataire.

Dépôt des soumissions.

Art. 10. Les soumissions auxquelles sont annexées, le cas échéant, les pièces prévues aux articles 8 et 9, sont placées sous enveloppes cachetées portant les noms des soumissionnaires. Elles sont, en principe, remises en séance publique au président de la commission d'adjudication, par les signataires eux-mêmes ou par leurs représentants munis de pouvoirs dûment légalisés et enregistrés.

Toutefois, les soumissions peuvent encore être adressées, dans les délais prévus par les cahiers des charges, au président ou au membre technique de la commission, par plis recommandés, dont la suscription doit indiquer qu'ils contiennent des soumissions. Enfin, en vue de permettre aux concurrents qui useront de la faculté précédente de prendre part, le cas échéant, à un deuxième concours, il est admis qu'ils pourront envoyer deux plis cachetés dont le second, portant une suscription particulière, ne sera ouvert que dans le cas où un deuxième concours aurait lieu. Mais il est formellement rappelé que les soumissionnaires seront seuls responsables des erreurs qui pourraient se produire par suite d'indications inexactes portées sur les enveloppes.

---

(1) Instruction du 16 juin 1903.

Obligations résultant du dépôt d'une soumission.

Art. 11. Une soumission déposée ne peut être retirée.

La remise d'une soumission engage le signataire et sa caution, s'il y en a une, jusqu'au prononcé de l'adjudication.

Le prononcé du résultat de l'adjudication libère tous les soumissionnaires et les cautions présentées, à l'exception des adjudicataires et de leurs cautions qui, par ce fait, se trouvent irrévocablement engagés vis-à-vis de l'Etat.

Séance d'adjudication.

Art. 12. La commission étant réunie aux jour, lieu et heure indiqués par l'avis au public, le président, qui est chargé de faire assurer la police de la séance et le maintien de l'ordre, déclare la séance ouverte. Il fait connaître l'objet de la réunion et dépose sur le bureau, s'il y a lieu, le pli cacheté contenant les prix-limites, en faisant constater que les cachets en sont intacts.

Le membre technique dépose sur le bureau toutes les pièces du marché énumérées à l'article 6 ci-dessus ainsi que les affiches et les journaux qui ont annoncé l'adjudication.

Il donne lecture de la présente instruction et du cahier des charges spéciales, si cette lecture est réclamée; il passe outre si elle n'est pas demandée.

Il est entendu toutes les fois qu'il le juge utile; il donne les renseignements et les éclaircissements qu'il juge nécessaires ou qui lui sont demandés par les candidats ou par les autres membres de la commission.

Le président réclame le dépôt des soumissions, fait connaître le délai exact passé lequel il n'en sera plus accepté et donne un numéro d'ordre à celles qui ont été successivement remises ou envoyées.

A l'expiration du délai fixé par la commission pour le dépôt des soumissions, le président les décachète successivement dans l'ordre des numéros, les date, les vise et les soumet à l'examen de la commission.

Les soumissions et les pièces qui leur sont annexées, qui présentent quelque défaut de forme, sont l'objet, de la part de la commission, d'un examen immédiat. La décision prise par la commission à la suite de cet examen est notifiée de vive voix aux intéressés, séance tenante, avant de poursuivre les opérations.

Le président donne ensuite lecture de toutes les soumissions, de celles admises comme de celles qui ont été rejetées à un titre quelconque. Les unes et les autres demeurent annexées au procès-verbal.

Le membre technique fait ensuite établir un tableau de classement des soumissions dans l'ordre des moins disants; à égalité d'offres en prix, les soumissions sont placées dans l'ordre des plus faibles quantités offertes; à égalité d'offres en prix et en quantités, elles sont placées dans l'ordre de leurs numéros.

Cette opération terminée, le président donne lecture à haute voix du tableau de classement au public assemblé.

Puis il brise les cachets de la lettre close contenant les prix-limites, communique ces prix aux membres de la commission en rappelant qu'ils doivent rester absolument secrets et déclare adjudicataires dans l'ordre de leur inscription au tableau de classement, jusqu'à concurrence des quantités mises en adjudication, ceux des soumissionnaires dont les offres sont inférieures ou égales aux prix-limites.

Le pli renfermant les prix-limites est ensuite recacheté pour rester annexé, en cet état, au procès-verbal de la séance.

S'il n'a pas été fixé de prix-limite, le président déclare adjudicataires jusqu'à concurrence des quantités mises en adjudication ceux des soumissionnaires dont les offres sont les plus avantageuses pour le Trésor.

Cas de réadjudication ou de nouveau concours.

Art. 13. L'un des cas suivants peut se présenter au cours d'une adjudication ; la solution en sera donnée d'après les règles ci-après :

1° *Les quantités offertes dans les limites du prix fixé par l'administration sont inférieures à la fourniture à faire.*

Lorsque l'ensemble des quantités adjugées est inférieur au chiffre de la fourniture à effectuer, le président, après avoir fait connaître la quantité restant à adjuger, appelle à un nouveau concours toutes les personnes présentes, remplissant les conditions imposées par l'article 7.

Les offres peuvent être formulées sur les soumissions primitives.

Si ce nouveau concours demeure sans résultat, en tout ou en partie, le président déclare qu'il n'y a pas lieu à adjudication pour la quantité non soumissionnée dans la limite fixée ;

2° *Les quantités offertes dans la limite du prix fixé par l'administration sont supérieures à la fourniture à faire.*

a) La dernière soumission acceptable, s'il n'y a pas d'autres offres égales en prix, est réduite au complément quel qu'il soit des quantités à adjuger.

b) Sous réserve des exceptions prévues aux paragraphes 4° et 5° ci-après, si plusieurs offres à des prix égaux sont en présence pour couvrir la quantité complémentaire à adjuger, un nouveau concours est ouvert, séance tenante, mais seulement entre les auteurs de ces offres. Ils sont admis, à cet effet, à formuler un nouveau rabais au bas de leurs soumissions sans modifier le chiffre des quantités offertes et l'adjudication est prononcée en faveur de ceux dont le prix est le moins élevé. Si les concurrents ne consentent pas à un nouveau concours ou si l'on se trouve encore en présence de prix égaux, le sort décide de l'ordre dans lequel seront désignés les adjudicataires (1) ;

3° *Les offres inférieures aux prix-limites et les plus avantageuses pour l'Etat sont égales alors que la fourniture ou le service n'est pas divisible.*

Sous réserve des exceptions prévues aux paragraphes 4° et 5° ci-après, il est procédé à un nouveau concours entre les soumissionnaires de ces offres. Si ce nouveau concours demeure sans résultat ou si les concurrents refusent de faire de nouvelles offres, le sort décide entre eux :

4° *Egalité d'offres faites par des sociétés d'ouvriers français et par d'autres soumissionnaires.*

Dans ce cas, les offres faites par les sociétés d'ouvriers français ont la préférence et en cas d'égalité d'offres faites par plusieurs sociétés de cette nature, le sort en décide ;

5° *Egalité d'offres faites en Algérie et en Tunisie par des Français et des étrangers ou des indigènes.*

---

(1) Soit, par exemple, une quantité de 1.500 quintaux de blé restant à adjuger.

1er *concours.*

	Quintaux.	Fr.	c.
A.	1000	25	»
B.	500	25	»
C.	200	25	»
D.	100	25	»

2e *concours.*

	Quintaux.	Fr.	c.
A.	1000	25	»
B.	500	24	»
C.	200	24	50
D.	100	25	»

Lorsque deux concurrents, l'un français, l'autre étranger ou indigène auront fait des offres égales et qu'ils se refuseront à faire de nouvelles offres ou lorsqu'un deuxième concours sera resté sans résultat, la fourniture sera adjugée au soumissionnaire français sans qu'il y ait lieu de recourir au tirage au sort. Si un étranger et un indigène sont en présence, la préférence est donnée à l'indigène.

Réclamations. — Protestations.

Art. 14. Toute difficulté survenant pendant l'adjudication est examinée immédiatement et résolue à la majorité des voix par les membres du bureau.

Il en est fait mention au procès-verbal.

Les décisions de la commission, portées à haute voix et pour notification à la connaissance du public et des intéressés, sont définitives et sans appel.

Toutefois, les protestations et réclamations faites séance tenante, par un ou plusieurs soumissionnaires, sont l'objet d'une mention au procès-verbal de la séance, qui est alors signé par les réclamants.

Dans ce cas, l'approbation est réservée au Ministre.

Si aucune réclamation n'est faite, le procès-verbal le mentionne.

Acceptation des résultats de l'adjudication.

Art. 15. Lorsqu'il y est autorisé par une délégation du Ministre, le membre technique peut, soit accepter définitivement et, séance tenante, les résultats de l'adjudication, soit surseoir à donner son approbation.

Les offres de A et de D étant égales en prix, le sort décide que D sera placé avant A.

Le classement définitif sera alors le suivant :

	Quintaux.	Fr.	c.
B.	500	24	»
C.	200	24	50
D.	100	25	»
A.	1000	25	»

Il sera adjugé à :

B.	500
C.	200
D.	100
A.	700
	1500

L'approbation est toujours réservée au Ministre s'il y a eu des réclamations ou des protestations insérées au procès-verbal, s'il n'a pas été fixé de prix-limite, si un seul soumissionnaire s'est présenté à l'adjudication (1). Mais l'approbation ministérielle n'est pas nécessaire si c'est à un deuxième concours qu'une seule soumission a été déposée pourvu qu'au premier concours, resté infructueux, plusieurs soumissionnaires se soient présentés.

Lorsque l'approbation de l'adjudication n'est pas prononcée séance tenante par le membre technique, celui-ci appelle l'attention des adjudicataires sur le caractère provisoire du marché et sur les stipulations de l'article 17 relatives aux délais d'exécution.

Si l'approbation du marché n'a pas été notifiée à l'adjudicataire, savoir : dans les trente jours qui suivent celui de l'adjudication lorsque cette approbation est réservée au Ministre, dans les dix jours, lorsque le membre technique a reçu pleins pouvoirs pour approuver le marché, l'adjudicataire pourra renoncer à l'exécution du contrat, à condition d'en faire la déclaration écrite au chef de service. S'il n'a pas usé de cette faculté avant d'avoir reçu notification de l'approbation, il est irrévocablement engagé vis-à-vis de l'Etat, par cette notification.

Si la caution personnelle n'a pas été agréée par la commission d'adjudication, l'adjudicataire est prévenu qu'il devra constituer le cautionnement définitif prévu par le cahier des charges spéciales pour les lots de fournitures dont il est titulaire.

Procès-verbal d'adjudication.

Art. 16. Les différentes opérations de la commission et les résultats de l'adjudication sont constatés dans un procès-verbal, établi au nom du membre civil, président de la commission, dressé en deux originaux et qui tient lieu de marché.

Le procès-verbal ainsi que les tableaux et les annexes, quand il y a lieu, sont signés par les adjudicataires et leurs cautions, par les réclamants ainsi que par les membres et le président de la commission.

Si, au moment de la clôture des opérations de la commis-

---

(1) Il en est de même dans le cas où, plusieurs soumissionnaires s'étant présentés à l'adjudication, toutes les soumissions, à l'exception d'une seule, seraient rejetées comme irrégulières.

sion, l'un des adjudicataires est absent ou non représenté, ou s'il refuse de signer les pièces ci-dessus indiquées, mention en est faite au procès-verbal de la séance qui tient lieu quand même de marché. Le membre technique en fait signifier un extrait conforme au domicile de l'adjudicataire et, s'il y a lieu, de sa caution, par voie administrative ou par acte d'huissier.

Une copie conforme du procès-verbal est adressée dans les vingt-quatre heures par le membre technique au directeur du service intéressé qui la transmet au Ministre. Dans le cas où l'approbation est réservée au Ministre, à cette copie sont joints l'un des originaux, ainsi que toutes les pièces sur le vu desquelles la commission d'adjudication a admis à soumissionner les adjudicataires provisoires.

Après l'approbation des résultats de l'adjudication, un des originaux du procès-verbal doit être timbré et enregistré. L'enregistrement de cet acte administratif n'est valable et libératoire que s'il est effectué par le bureau de la circonscription dans laquelle réside l'autorité qui l'a reçu. En conséquence, pour éviter tout retard et toute complication, les chefs de service sont seuls chargés, quelle que soit l'autorité qui aura statué sur les résultats de l'adjudication, de porter sur l'original du procès-verbal la mention de l'approbation : « Approuvé par nous (nom et qualité, résidence du chef de service), en vertu de l'autorisation donnée par (Ministre, Directeur), à la date du..... » (1).

L'enregistrement est poursuivi aux frais des adjudicataires et à la diligence du chef de service signataire de la mention d'approbation auprès du bureau dans la circonscription duquel réside celui-ci.

L'original, timbré et enregistré, reste dans les archives du chef de service qui en délivre toute copie conforme et tout extrait nécessaire ; les soumissions et l'enveloppe cachetée contenant le prix-limite y demeurent annexées.

Le second original est déposé aux archives de la mairie.

Date à partir de laquelle courent les délais d'exécution.

Art. 17. Lorsque les marchés ont été acceptés définitivement en séance par le membre technique opérant au nom et pour le compte de l'Etat, les délais d'exécution courent du jour de l'adjudication.

---

(1). Cette disposition ne déroge pas aux règlements en vigueur sur l'approbation des marchés. Dans le cas où l'approbation est réservée soit au Directeur, soit au Ministre, le chef de service attendra, pour porter la mention d'approbation, d'avoir reçu notification de la décision à intervenir.

Si l'approbation a été réservée, les délais ne courent que du jour de la notification à l'intéressé de la décision définitive d'approbation.

Insuccès d'une adjudication. — Concours de 48 heures.

Art. 18. Lorsqu'une adjudication n'a donné aucun résultat, tant après un premier qu'après un second concours ou lorsqu'elle n'a donné qu'un résultat partiel, le président annonce, s'il y a lieu, qu'il sera procédé à un concours dit « concours de 48 heures » dans les conditions prévues à l'article 38 de la présente instruction.

Règles applicables aux adjudications restreintes.

SECTION Iʳᵉ.

OPÉRATIONS PRÉCÉDANT LA SÉANCE D'ADJUDICATION.

Conditions d'admission à soumissionner.

Art. 19. Toute personne qui a l'intention de concourir à l'adjudication adresse ou remet au membre technique de la commission d'adjudication et dans le délai indiqué par les avis au public :

1° Une déclaration indiquant son intention de soumissionner, ses nom, prénoms, domicile et qualité, ainsi que le lieu et la date de sa naissance, et spécifiant, s'il y a lieu, le nombre de lots ou les arrondissements de fournitures pour lesquels elle demande à concourir ; elle fait en outre connaître, le cas échéant, la manière dont elle entend réaliser le cautionnement définitif prévu, ou son intention de constituer une caution personnelle, lorsque ce mode de garantie est admis ;

2° Une pièce constatant sa qualité de Français ou, si elle est étrangère, une autorisation de concourir donnée dans les formes prévues dans les alinéas 1 et 2 de l'article 7 de la présente instruction.

Les dispositions relatives à l'admission ou à l'exclusion des personnes en état de liquidation judiciaire ou de faillite actuelle ou antérieure, rappelées à l'article 7, sont applicables dans le cas des adjudications restreintes ;

3° Un état indiquant les entreprises de fournitures ou de travaux pour les services publics dont le soumissionnaire aurait été antérieurement adjudicataire, soit seul, soit en société ;

4° Si le soumissionnaire a spécifié avoir l'intention de présenter une caution personnelle, une déclaration écrite par cette personne, faisant connaître ses nom, prénoms, domicile et lieu de naissance et portant promesse de s'engager solidairement avec le demandeur pour l'exécution du service à entreprendre dans le cas où celui-ci serait déclaré adjudicataire. La caution doit satisfaire aux règles de nationalité rappelées à l'alinéa 2° ci-dessus;

5° S'il s'agit d'une fabrication de matières ou objets ou de confections, la patente de fabricant peut être exigée, ainsi que la production des pièces spéciales ci-après énumérées :

a) Un acte de notoriété passé par-devant notaire, attestant que les usines, ateliers, machines, ustensiles, engins et agrès nécessaires pour l'exécution de la fourniture ou du service à entreprendre appartiennent réellement en toute propriété au demandeur.

A défaut de titre de propriété, il devra être fourni un bail ou promesse de bail authenthique, constatant que la jouissance des lieux, de la force motrice et du matériel est exclusivement réservée au locataire, pour une durée ininterrompue suffisante pour l'exécution complète et entière du service à entreprendre. Sera réputé non valable tout bail qui réserverait au propriétaire la faculté de résilier avant la complète exécution du marché.

De plus, le demandeur propriétaire ou le bailleur doit consentir expressément à la rétrocession à l'Etat de ses ateliers, usines et matériel, si cette condition est prévue par le cahier des charges spéciales ;

b) Les plans des usines et ateliers dans lesquels le demandeur se propose de fabriquer, de confectionner ou de transformer des objets, des matières, denrées ou effets, selon la nature du service à entreprendre, avec l'état détaillé du conditionnement de l'outillage. Ces usines et ateliers doivent être situés soit en territoire français, soit en pays de protectorat. Les plans et leurs annexes sont certifiés dans les colonies et les pays de protectorat : par un architecte de l'une des administrations civiles de l'Etat; en France, par l'architecte départemental;

c) Une déclaration indiquant la force motrice dont chaque usine dispose et faisant connaître, pour les moteurs hydrauliques, les nombres de jours de chômage qui ont été, pendant les deux dernières années, la conséquence de la hausse ou de la baisse des eaux.

Le membre technique donne au déposant un récépissé énumératif de toutes les pièces déposées.

Conditions' d'admission des sociétés.

Art. 20. Les sociétés de quelque forme qu'elles soient, en état de faillite ou de liquidation judiciaire, ne sont jamais admises à concourir.

Les sociétés qui ont l'intention de concourir à l'adjudication adressent ou remettent au membre technique de la commission d'adjudication, et dans le délai fixé par les avis au public, les pièces ci-après dont le membre technique donne toujours un récépissé, savoir :

a) *Société en nom collectif ou en commandite.*

1° Une expédition légalisée de l'acte constitutif de la société, des statuts et, le cas échéant, des actes modificatifs. La société ne sera admise qu'autant que sa durée, qui ne devra pas être illimitée, sera au moins égale à celle du marché à intervenir et que les actes constitutifs et modificatifs de ses statuts ne stipuleront pas de réserve de nature à restreindre la responsabilité solidaire des associés dans les sociétés en nom collectif et les responsabilités spéciales aux commandités et aux commanditaires dans les sociétés en commandite.

La caution personnelle d'une société en nom collectif ne peut être l'un des associés ; celle d'une société en commandite ne peut être l'un des commandités ;

2° Les pièces énumérées dans les §§ 1°, 3°, 4°, 5° de l'article 19 et, de plus, l'une de celles visées dans le § 2° du même article pour chacun des associés et, le cas échéant, des tiers gérants des sociétés en nom collectif, pour les commandités ou les gérants, ou les membres du conseil de surveillance des sociétés en commandite simple ou par actions.

b) *Société anonyme.*

1° Une expédition légalisée de l'acte de société, des statuts et, le cas échéant, des actes modificatifs. La société ne sera admise qu'autant que sa durée, qui ne devra pas être illimitée, sera au moins égale à celle du marché à intervenir et que ses actes constitutifs ou modificatifs et ses statuts ne stipuleront pas de réserve de nature à affaiblir la valeur du gage que représente pour ses créanciers son capital social ;

2° Une déclaration signée par le président du conseil d'administration et légalisée, faisant connaître les noms de la personne ou des personnes qui, d'après les statuts, ont qualité pour traiter au nom de la société et pour la représenter, pendant la durée du marché, pour tout ce qui concerne l'exécution du contrat. Cette déclaration doit être accompagnée, pour le président et pour le ou les mandataires désignés, d'une des pièces visées au § 2° de l'article 19;

3° La déclaration d'intention de soumissionner, signée par le ou les mandataires désignés et établie comme il est dit au § 1° de l'article 19;

4° Les pièces énumérées dans les §§ 3°, 4° et 5° du même article 19;

5° Un certificat délivré par le greffier du tribunal de commerce du lieu où est établi le siège de la société, constatant qu'elle n'est ni en état de faillite ni en liquidation judiciaire.

Dans le cas où la société voudrait, en cours de marché, substituer de nouveaux mandataires à ceux primitivement agréés par l'administration, cette substitution devrait être soumise au préalable à l'acceptation du Ministre. Toute substitution non autorisée serait considérée comme une modification apportée sans autorisation à la constitution de la société, et entraînerait les conséquences prévues par les articles 40 et 41 du cahier des clauses et conditions générales.

La caution personnelle d'une société anonyme ne peut être ni son mandataire ni l'un des membres du conseil d'administration.

c) Société à capital variable.

Les pièces à fournir seront celles énumérées au paragraphe *a* du présent article si la société est en nom collectif ou en commandite, celles indiquées au paragraphe *b* si elle est anonyme.

d) Société d'ouvriers français.

Lorsqu'une société d'ouvriers français se présente pour la première fois à une adjudication du département de la guerre :

1° L'acte de société et ses statuts;

2° Les décisions du conseil d'administration ou de l'assemblée générale qui auront modifié l'acte de société, les statuts ou prononcé des admissions ou des exclusions d'actionnaires depuis la création de la société;

3° Un état nominatif des actionnaires avec la justification de leur nationalité française, de leurs qualité et profession;

4° Des certificats de capacité délivrés aux gérants, administrateurs ou autres associés et les déléguant spécialement pour traiter au nom de la société et pour la représenter pendant la durée du marché pour tout ce qui concerne l'exécution du contrat;

5° Une déclaration indiquant le nombre minimum des sociétaires que la société s'engage à employer à l'exécution des marchés;

6° Un certificat délivré par le greffier du tribunal de commerce du lieu où est établi le siège social de la société, constatant qu'elle n'est pas en état de faillite ni en état de liquidation judiciaire.

Lorsqu'une société d'ouvriers français a déjà été admise à soumissionner :

Les pièces prévues dans les paragraphes 2°, 3° et 5° ci-dessus.

Lorsque le marché sera de longue durée, le chef de service exigera périodiquement et à des échéances fixes qu'il déterminera, les justifications cotées 2° et 3°.

Dans ces deux derniers cas, les renseignements relatifs aux modifications apportées à l'organisation et à la constitution de la société ne devront remonter qu'à la date des dernières déclarations produites.

Dans tous les cas, ces sociétés produisent une déclaration d'intention de soumissionner donnant tous les renseignements prévus au paragraphe 1° de l'article 19, et, le cas échéant, les références prévues au paragraphe 5° du même article.

Les sociétés d'ouvriers sont dispensées de fournir un cautionnement lorsque le montant du marché ne dépasse pas 50.000 francs. La caution personnelle et solidaire qu'elles peuvent avoir à constituer, le cas échéant, ne peut être ni membre de la société ni faire partie du conseil d'administration, ni être son mandataire.

Justifications dont sont dispensés les candidats à plusieurs adjudications.

Art. 21. En cas d'adjudications simultanées faites à la même époque sur plusieurs points du territoire pour des fournitures ou des travaux de même nature, par exemple pour les entreprises de confection ou de fournitures à la ration, toute personne ou société ayant effectué sur un point de dépôt des justifications exigibles, peut, sans être obligée de produire de nouveau les mêmes pièces, demander à être admise à concourir à plusieurs de ces adjudications dans les conditions prévues soit par le cahier des charges spéciales, soit par l'avis au public.

A cet effet, elle fait parvenir au membre technique de l'une des commissions, à son choix, une demande déclarant son intention de soumissionner, accompagnée des pièces énumérées dans les articles 19 et 20 et aux membres techniques des autres commissions une simple demande d'admission, sauf à produire, à chacune des commissions d'adjudication devant laquelle elle se présentera, la preuve qu'elle a été admise à prendre part à l'un des concours simultanés. La commission d'adjudication délibère alors et, après avoir apprécié la validité des justifications fournies, statue sommairement et définitivement en séance sur l'admission ou l'éviction du demandeur.

Justifications dont sont dispensés les titulaires des marchés en cours.

Art. 22. Les personnes et les sociétés, engagées au moment de l'adjudication dans un marché ressortissant au même service que celui qui concerne l'adjudication, sont dispensées, en principe, de la production des références indiquées dans les mêmes articles 19 et 20 ; mais elles doivent produire :

1° Une copie authentique du marché en cours dont elles sont titulaires ;

2° Une déclaration d'intention de soumissionner accompagnée des pièces annexes nécessaires pour accréditer leurs représentants vis-à-vis de l'administration, pour présenter, s'il y a lieu, une caution personnelle solidaire ou pour faire connaître dans quelles conditions sera réalisé le cautionnement définitif.

Clôture de la liste des demandes d'admission.

Art. 23. Le membre technique dresse la liste des déclarations d'intention de soumissionner reçues et l'arrête définitivement à l'expiration du délai fixé pour le dépôt.

S'il s'agit d'opérations d'un caractère général ou spécial, devant avoir lieu à Paris ou dans des centres déterminés, la liste arrêtée et appuyée des déclarations est transmise au Ministre de la guerre par la voie hiérarchique.

S'il s'agit seulement d'une adjudication locale ou s'appliquant à un arrondissement déterminé, cette liste est conservée par le membre technique qui en adresse seulement une expédition au directeur du service intéressé.

Dès la réception des déclarations, le membre technique s'occupe de recueillir auprès des autorités municipales, des tribunaux et des chambres de commerce, tous les renseignements propres à éclairer la commission d'admission sur l'aptitude générale, la moralité commerciale et la solvabilité des signataires des déclarations (soumissionnaires et, le cas échéant, cautions).

Il s'assure, notamment, de la situation des candidats au point de vue de l'état de faillite ou de liquidation judiciaire, en prenant tous les renseignements utiles à ce sujet au greffe du tribunal de commerce du lieu où le candidat a son domicile légal (1) et, s'il est nécessaire, en réclamant au parquet du tribunal civil du lieu de naissance dudit candidat, le bulletin n° 2 prévu à l'article 4 de la loi du 17 juillet 1900 (2).

Si les postulants ont été ou sont encore titulaires de marchés de l'administration de la guerre, il demande des renseignements aux chefs de service sur la manière dont les candidats ont exécuté ou exécutent leurs engagements.

Visite des usines, manufactures, ateliers, etc.

Art. 24. Le Ministre peut, s'il le juge nécessaire, faire visiter, par des commissions spéciales instituées à cet effet, les usines, manufactures, ateliers, chantiers, etc., indiqués par les signataires des déclarations comme devant être affectés à l'exécution du service à entreprendre, afin de s'assurer qu'ils remplissent toutes les conditions exigées par les cahiers des charges et de se rendre compte du chiffre maximum de la production qu'ils peuvent donner dans les limites d'un bon conditionnement de la fourniture ou du service à exécuter.

Les résultats de la visite de chaque usine, manufacture, atelier, chantier, etc., sont constatés par un certificat de vérification qui est communiqué sur les lieux mêmes aux intéressés pour être signé par eux et recevoir toutes les observations qu'ils jugeraient devoir faire.

Ces certificats de vérification sont transmis au membre technique de la commission d'admission qui les annexe au dossier des candidats.

Composition de la commission d'admission.

Art. 25. La commission d'admission est composée ainsi qu'il suit :

---

(1) Il convient de ne demander aux greffes des tribunaux de commerce que des renseignements officieux, n'exigeant aucune recherche ou compulsion de pièces.

(2) Les frais occasionnés par la production de ce bulletin sont supportés par l'administration.

1° Le maire ou son délégué, représentant de l'autorité civile, président ;

2° Le représentant du service, membre technique, et l'officier de la garnison désignés comme il est dit à l'article 3 ;

3° Un membre du conseil municipal désigné par le préfet ou le sous-préfet ;

4° Un autre officier de la garnison désigné par l'autorité militaire et d'un grade inférieur à celui du membre technique.

La présidence appartient au maire ou à son délégué.

L'absence du maire ou de son délégué, et celle du conseiller municipal n'empêchent pas les décisions de la commission d'être valables et exécutoires. En l'absence du maire ou de son délégué, la présidence appartient à l'officier ou au fonctionnaire le plus élevé en grade.

Du rôle de la commission d'admission.

Art. 26. La commission d'admission délibère et statue définitivement sur l'admission des concurrents et de leurs cautions et, s'il y a lieu, sur le nombre des lots ou sur l'importance des fournitures, travaux, confections, etc., qui peuvent être confiés à chacun d'eux suivant les moyens de production ou d'exécution dont il a justifié.

La commission est tenue, avant de statuer définitivement, d'entendre les concurrents dont l'exclusion lui paraît devoir être prononcée. Une convocation leur est adressée à cet effet par le membre technique. Si le candidat ne se présente pas au jour et à l'heure qui lui auront été indiqués, la commission passe outre et statue sans appel.

La commission décide définitivement sur la reconnaissance des sociétés candidates comme sociétés d'ouvriers et de leur admission en cette qualité.

Le résultat des délibérations de la commission est constaté par un procès-verbal qui contient, complètes et séparées, d'une part la liste des admis, tant comme soumissionnaires que comme cautions, avec le nombre de lots ou d'arrondissements de fournitures, etc., qui pourront leur être adjugés, et d'autre part, la liste des non admis.

Ces listes sont dressées par ordre alphabétique. Elles doivent être tenues secrètes ; le membre technique adresse, en conséquence, sous plis cachetés, les expéditions des procès-verbaux des séances de la commission d'admission qu'il doit envoyer aux différentes autorités.

Une copie du procès-verbal des séances est adressée immédiatement après la clôture des opérations de la commission, directement au Ministre (Direction compétente) par le membre technique de la commission.

Notification des décisions de la commission d'admission. — Conséquences.

Art. 27. Les décisions de la commission d'admission sont notifiées aux intéressés, par le membre technique, dans les vingt-quatre heures qui suivent l'établissement de la liste définitive d'admission. A cette notification est joint le nombre nécessaire de formules imprimées de soumission et d'engagement de caution. Ces décisions n'énoncent pas les motifs d'acceptation ou de refus.

Si la caution personnelle n'a pas été agréée, le signataire de la déclaration d'intention de soumissionner peut, dans les trois jours qui suivent celui de la notification de la décision de la commission, présenter dans les formes prévues à l'article 19 une nouvelle caution dont l'acceptation est soumise avant le jour de l'adjudication à la commission d'admission réunie à cet effet.

Le candidat est informé, immédiatement après la séance, de la décision intervenue, et si la nouvelle caution n'a pas été admise, il est prévenu qu'il devra constituer le cautionnement définitif déterminé pour les lots ou les fournitures dont il pourra être déclaré adjudicataire.

SECTION II.

OPÉRATIONS DE L'ADJUDICATION PROPREMENT DITE.

Etablissement des soumissions.

Art. 28. Toute personne admise à concourir peut soumissionner pour le nombre de lots ou d'arrondissements de fourniture qu'elle juge convenable; mais elle ne sera déclarée adjudicataire que pour le nombre de lots ou d'arrondissements de fourniture correspondant au maximum prévu dans le cahier des charges spéciales ou à celui que la commission d'admission a arrêté pour chacune d'elles.

Les soumissions sont établies en simple expédition et sur des formules imprimées, envoyées par les soins du membre technique à chacun des candidats admis à concourir.

Toutes les dispositions énumérées aux articles 3 et 8 à 17 inclus comme applicables aux adjudications simples le sont aussi dans le cas des adjudications restreintes, sauf que le dépôt des soumissions est précédé de la lecture faite à haute voix, par le président, de la liste des concurrents admis.

Constitution d'un cautionnement provisoire.

Art. 29. Lorsque les cahiers des charges spéciales et l'avis au public prévoient la réalisation d'un cautionnement provisoire, ce cautionnement est constitué dans les formes prévues dans l'instruction sur les cautionnements.

Le récépissé de versement au Trésor est, soit joint à la soumission, soit remis en séance au président de la commission d'adjudication.

La production de ce récépissé est de rigueur et il ne peut y être suppléé par aucune remise de valeurs sur le bureau, en séance d'adjudication. Les récépissés sont rendus, à l'issue de la séance, à tous les soumissionnaires non déclarés adjudicataires après que l'annotation suivante y aura été inscrite par le président : « M. N...., n'ayant pas été déclaré adjudicataire, a droit à la restitution de son cautionnement provisoire. »

Les récépissés des soumissionnaires déclarés adjudicataires sont conservés à l'appui de leur marché jusqu'à la constitution du cautionnement définitif ou d'une caution personnelle solidaire.

Règles applicables aux adjudications provisoires.

Cas d'adjudication provisoire. — Dépôt de nouvelles offres.

Art. 30. Lorsque, par application des dispositions du décret relatif aux adjudications et aux marchés passés au nom de l'Etat (1), le cahier des charges spéciales spécifie que des offres de rabais sur le prix d'une adjudication peuvent être reçues, la première adjudication est dite « adjudication provisoire », et il est procédé comme il suit :

Dans tous les cas, les offres de rabais ne peuvent être inférieures à 10 p. 100 sur les prix de l'adjudication provisoire.

Le délai pendant lequel peuvent être reçues ces offres est fixé par le cahier des charges spéciales.

Elles peuvent être présentées par toutes les personnes qui ont pris part à l'adjudication provisoire, et par toutes autres sous la condition, pour ces dernières, de les appuyer de toutes les pièces et justifications qui ont été exigées des premiers soumissionnaires.

---

(1) Décret du 18 novembre 1882, article 16.

Ces offres sont établies dans les formes prévues pour les soumissions ordinaires ; elles sont remises ou adressées au président ou au membre technique de la commission d'adjudication dans les conditions déterminées par l'article 10.

Les plis cachetés qui renferment les offres ne sont ouverts que dans la séance de réadjudication dont la date a d'ailleurs été fixée par le cahier des charges spéciales.

Séance de réadjudication à la suite d'offres de rabais sur les prix d'une adjudication provisoire.

Art. 31. Lorsque des offres de rabais ont été faites dans les conditions prévues à l'article 30, il est procédé à une réadjudication entre le premier adjudicataire et le ou les signataires de ces offres.

Le président de la commission d'adjudication, après avoir procédé au dépouillement des nouvelles offres faites tant par l'adjudicataire provisoire que par ses concurrents, proclame le moins disant adjudicataire définitif.

Dans le cas où les offres les plus avantageuses seraient égales, la désignation de l'adjudicataire serait faite par le tirage au sort, sauf les exceptions prévues à l'article 13 précédent, paragraphes 4 et 5.

Pour les détails et la marche des opérations que comporte ce mode spécial d'adjudication, on se conforme aux règles tracées dans les divers articles de la présente instruction qui sont applicables ainsi qu'aux dispositions particulières que déterminent le cahier des charges ou les instructions spéciales du Ministre.

Procès-verbal de l'opération.

Art. 32. Il est dressé un procès-verbal de la réadjudication, lequel est signé par l'adjudicataire, sa caution et par les membres de la commission.

Adjudications sur concours d'échantillons et de prix.

Dépôt et examen des échantillons.

Art. 33. Lorsque, pour des fournitures spéciales, le cahier des charges spécifie que l'adjudication aura lieu au concours d'échantillons et de prix, il est procédé ainsi qu'il suit :

Jusqu'à une date fixée par l'avis au public, les échantillons et les soumissions sont, ensemble, remis ou envoyés soit à un établissement désigné, soit au membre technique, et il en est délivré ou adressé un récépissé au déposant.

La liste des personnes ayant déposé des échantillons et des soumissions est arrêtée par le membre technique au jour fixé comme délai de dépôt.

La commission d'adjudication se réunit alors pour procéder, avec l'aide de personnes compétentes désignées, à cet effet, au cahier des charges spéciales, à l'examen et aux épreuves des échantillons envoyés; un coefficient est attribué, en raison de leur qualité relative, à chacun des échantillons réunissant les conditions d'admission.

L'opération est constatée par un procès-verbal que signent toutes les personnes y participant et dont il est donné lecture dans la séance ultérieure d'adjudication.

Séance d'adjudication.

Art. 34. Les concurrents dont les échantillons ont été admis prennent seuls part à l'adjudication. Les soumissions des candidats évincés leur sont renvoyées ou remises après la séance d'adjudication sans avoir été ouvertes.

Les soumissions des concurrents admis et classés dans l'ordre de leur dépôt sont ouvertes en séance par le président qui en donne lecture à haute voix. Le classement des offres formulées est fait en combinant les prix stipulés avec les coefficients attribués aux échantillons; le soumissionnaire qui a fait les offres combinées les plus avantageuses pour l'Etat est déclaré adjudicataire si ces offres sont d'ailleurs dans la limite du prix qui peut avoir été fixé.

A parité d'offres combinées, un second concours est ouvert entre les concurrents ayant fait des offres égales et, s'ils refusent de formuler de nouvelles offres, ou bien si, en ayant fait, celles-ci se trouvent encore égales, le sort désigne l'adjudicataire, sauf les exceptions prévues à l'article 13, paragraphes 4 et 5.

TITRE II.

MARCHÉS DE GRÉ A GRÉ.

Disposition générale.

Art. 35. Il peut être passé des marchés de gré à gré dans

les différents cas prévus par le décret relatif aux adjudications et marchés passés au nom de l'Etat (1).

Tout marché de gré à gré rappelle l'article et le paragraphe dudit décret dont il est fait application.

Garanties à exiger des entrepreneurs, fournisseurs, sociétés.

Art. 36. Toutes les garanties exigées des concurrents pour être admis aux adjudications peuvent l'être également des personnes ou des sociétés avec lesquelles il doit être passé des marchés de gré à gré.

Dans tous les cas, les candidats et les mandataires des sociétés doivent justifier de leur qualité de Français ou, s'ils sont étrangers, d'une autorisation délivrée par l'autorité compétente.

Les mandataires des sociétés ne sont admis à traiter qu'autant qu'ils sont munis des pouvoirs nécessaires pour qu'ils puissent engager valablement les sociétés qu'ils représentent.

Les marchés de gré à gré peuvent être passés avec les sociétés d'ouvriers français pour les fournitures dont la dépense totale n'excède pas 20.000 francs.

Mode de passation des marchés de gré à gré.

Art. 37. Les marchés de gré à gré sont passés par le Ministre ou par ses délégués :

1° Soit sur un engagement souscrit à la suite du cahier des charges;

2° Soit sur une soumission établie par la personne ou le mandataire de la société qui se propose de traiter;

3° Soit par correspondance, suivant les usages du commerce.

La mention de l'approbation du marché est portée par l'autorité locale compétente : chef de service, conseil d'administration ou d'établissement, etc., etc. Elle rappelle l'autorisation donnée à cet égard par le Ministre et la date de celle-ci. Le marché est enregistré à la diligence de l'administration et aux frais du titulaire, au bureau de l'enregistrement de la circonscription dans laquelle réside l'autorité qui a porté la mention de l'approbation du marché.

Dispositions spéciales aux marchés de gré à gré dits : « Concours de 48 heures ».

Art. 38. En cas d'insuccès total ou partiel d'une adjudication

---

(1) Décret du 18 novembre 1882, article 18.

simple, tant après un premier qu'après un deuxième concours (voir art. 19), le président de la commission d'adjudication annonce, *lorsqu'il y a lieu*, que le membre technique est autorisé à recevoir, pendant un délai de quarante-huit heures, les offres qui lui seront faites soit par les personnes ayant pris part à l'adjudication, soit par toutes autres réunissant les conditions requises des précédents soumissionnaires. Il fait connaître que ces offres doivent être écrites et signées par leurs auteurs ou par leurs fondés de pouvoirs, munis de procurations régulières, et remises sous pli cacheté. Ces offres engagent leurs signataires jusqu'à la décision qui sera prise.

Le membre technique indique le lieu où doivent être déposées les offres, l'heure à laquelle expirera le délai pendant lequel il peut en recevoir et à l'expiration duquel il ouvrira les plis et comparera les offres déposées.

Les soumissionnaires sont admis à assister à ce dépouillement.

Le membre technique accepte provisoirement les offres les plus avantageuses à l'Etat, dans les conditions du prix-limite ; dans le cas où ces offres, qui ne peuvent d'ailleurs être faites qu'une fois, se trouveraient égales, la désignation de l'adjudicataire serait faite par le tirage au sort, sauf les exceptions prévues à l'article 13, paragraphes 4 et 5.

·L'approbation définitive est toujours réservée au Ministre s'il s'est produit des réclamations, s'il ne s'est présenté qu'un seul soumissionnaire au concours de 48 heures, ou s'il n'a pas été fixé de prix-limite. Dans les autres cas, cette approbation définitive peut être prononcée par les autorités déléguées à cet effet.

Art. 39. Sont abrogées toutes les dispositions contenues dans les documents ci-après :

Instruction du 31 juillet 1889, pour les adjudications publiques dans les divers services de l'administration de la guerre (*B. O.*, É. M., vol. 24, p. 63) ;

Note du 20 juin 1885, relative aux justifications à produire par les sociétés titulaires de marchés de gré à gré (*B. O.*, É. M., vol. 24, p. 85) ;

Note du 3 juin 1897, portant interprétation des dispositions contenues dans l'article 10 de l'instruction du 31 juillet 1889 (*B. O.*, É. M., vol. 24, p. 584) ;

Note du 1er juin 1900, modificative de l'instruction du 31 juillet 1889 (*B. O.*, É. M., vol. 24, p. 637) ;

Note du 5 avril 1900, relative au mode de rédaction des procès-verbaux d'adjudication (*B. O.*, p. 458) ;

Circulaire du 25 juillet 1900, portant modification à l'instruction du 31 juillet 1889 (pièces exigées des soumissionnaires) (*B. O.*, p. 1146);

Circulaire du 4 décembre 1901, indiquant les marchés à soumettre à l'approbation ministérielle dans le cas où il ne s'est présenté qu'un seul soumissionnaire (*B. O.*, p. 1401);

Circulaire du 18 novembre 1902, modifiant l'instruction du 31 juillet 1889 (pouvoirs conférés par lettre simple pour représenter un soumissionnaire) (*B. O.*, p. 2300);

Lettre collective du 11 novembre 1879, sur l'admission des sociétés anonymes aux adjudications de la guerre (*B. O.*, É. M., vol. 67, p. 202);

Lettre collective du 12 novembre 1883, au sujet des modifications apportées dans la rédaction des cahiers des charges (*B. O.*, É. M., vol. 67, p. 208);

Et, en général, toutes les dispositions non conformes à la présente instruction.

TABLE DES MATIÈRES

Instruction pour la passation des marchés du département de la guerre, autres que ceux relatifs aux travaux de constructions militaires.

SECTION II.

Opérations de l'adjudication proprement dite.

Règles applicables aux adjudications provisoires.

Adjudications sur concours d'échantillons et de prix.

TITRE II.

MARCHÉS DE GRÉ A GRÉ.

www.ingramcontent.com/pod-product-compliance
Lightning Source LLC
LaVergne TN
LVHW021053050726
842519LV00003B/1140